森信三

藤尾秀昭＝監修

運命を創る100の金言

JN155625

致知出版社

森信三　運命を創る１００の金言＊目次

第1章　いかに生きるか

31　生活方法　　　21
32　人生の晩年　　22
33　繰越　　　　　23
35　軽蔑　　　　　24

第2章　仕事の秘本

38　羅紗屋は三馬鹿　　25
39　運搬の神様　　　　26
40　なぜうまくいかぬか　27
41　仕事の手順　　　　28
42　即時処理　　　　　29
43　一箇条　　　　　　30
45　仕事の配置　　　　31
46　より逃げる　　　　32
47　一工面　　　　　　33
48　大器　　　　　　　34

第3章　家庭教育の心得

第4章 読書の神髄

装　幀――川上成夫
編集協力――柏木孝之

2

一生の縮図

「一日は一生の縮図なり」というのは私の信条だ。一生は過ぎ去ってみないことにはわかりっこない。だが、自分の一生がどうなりそうかということは、いまのうちに見当をつけなくてはいけない。そしてその見当を見るには、いまいうように、一日の予定がどこまで果たせたかどうかということを、常に見ておらねばならない。つまりわれわれが、朝目を覚ますということは、赤ん坊として生まれたということ。夜寝るのは、棺桶へ入るということだ。一生の縮図がそこにあるのだ。

3

能力を出し切る

この人生というものは、二度と繰り返すことのできないものである。だからわれわれは、自分がもって生まれた能力を、ぎりぎりのところまで発揮した上で棺桶に入るというくらいの意気込みがなくてはいけないと思うのです。

4

十年一筋

世には、十年一筋の一道を歩む人は少ない。ましてや二十年、三十年、一筋の道を歩き通す人は稀《まれ》である。恐らく百人中、二、三人しかあるまい。いわんや、五十年一道を歩むに至っては、千人中二、三人が危うかろう。しかしそれには、さし当たり十年一道をあゆむ。さすれば一応の土台はできる。九十九人が川の向う岸で騒いでいても、自分一人は志した道を歩くだけの覚悟がなくてはならぬ。

5

真の才能

すべて人間というものは、たとえ頭脳は大した人ではなくても、その人が真に自覚さえすれば、一個の天地を拓くことが出来るものです。だから人間は、世間的な約束事などには囚われないで、自分のしたいことは徹底的にやり抜くんです。そうすれば、そこに一つの火が点《とも》されます。如何に長いトンネルでも、掘る手を止めねば、何時かは必ず貫通するようなものです。

6

志を立てる

人間が志を立てるということは、いわばローソクに火を点ずるようなものです。ローソクは、火を点けられて初めて光を放つものです。同様にまた人間は、その志を立てて初めてその人の真価が現れるのです。志を立てない人間というものは、いかに才能のある人でも、結局は酔《すい》生夢死《せいむし》の徒にすぎないのです。

7

運命

すべて我々は、自分のたどった運命を、あるがままに感謝することが大切です。これが自己にとって最善だとして、安んじて努力することが肝要です。この道理を理屈としてではなく、実感として味わえば、それだけでも実に大したものです。

8

運命超克

「肚をすえる」などと申しますと、まったく非合理的なコトバとして歯牙《しが》にもかけない人も中にはおありでしょうが、人間は観念では救われないもので、観念が肉体化せられなくては、運命超克の一路は開かれないのであります。

9

知恵

「知恵」というのは、他人の書いた書物の受け売りをすることなどとは、天地ちがうんです。生きた真理を身をもってピタリピタリと押さえていくことなんです。

半田尋常高等小学校時代。野球チームの仲間たちと
（前列右から３番目が森先生）

10

身につける

われわれが知恵を身につけるには、すぐれた人生の師の言葉を傾聴すると同時に、できるだけ人生の知恵を含んだ生きた書物に接するほかないわけです。しかし、結局は自分自らの人生の苦学というか逆境の試練によって、「血税」ともいうべき授業料をおさめ、『世の中』という生きた学校において、体をしぼって、身につけるより他ないということです。

11

脚下の実践

人はそれぞれの年代に応じて真剣な生き方をして参りますと、七十歳代、八十歳代は、まことに自由闊達《かったつ》な境涯に恵まれて、真の生き甲斐《がい》ある人生が送れるのではないかと思われます。人生の見通しを立てるとともに、いま一つ、脚下の実践にどれほど真剣に取り組めるかどうかということこそ、その人の人生に対する徹見透察の如何《いかん》によるといってよいかと思われます。

12
実行

「われわれ人間は実行しない限り、実は全然知らないのと同じだ」――これは王陽明という中国の哲人の教えですが、われわれ人間は、頭の中でどんなにリッパなことを色々考えたとしても、実地にそれをやらなかったとしたら、それは夢まぼろしに過ぎないといってよいでしょう。

13

雑事雑用

日常の雑事雑用をいかに巧みに要領よくさばいていくか——そうしたところにも、人間の生き方の隠れた呼吸があるということです。

14

ムダにしない

すべて与えられたものごとをいかに最大限に活用するか——ということは、すべてのものごとに通ずる不動の真理だといえましょう。

15

生涯の出会い

わたくしたちの生涯を決する出会いというものが、大小さまざまに生起しているわけでありまして、「時」や「人」そして「物」さえおろそかにしないところに、リッパな「出会い」に逢着《ほうちゃく》できるものでしょう。

16

縁

縁は求めざるには生ぜず。内に求める心なくんば、たとえその人の前面にありとも、ついに縁を生ずるに到らずと知るべし。

17

人生の梅雨

人生の一生というものは、いわゆる「照る日曇る日」であって、雨の日どころか、いつ晴れるやら分からぬほどの長い梅雨《つゆ》もあるわけです。しかし、いかに梅雨期《どき》が長いといっても、いつかは晴れる日が来るように、「人生の梅雨」も――もちろんこれは人によって長短の違いは大いにありますが――根気づよくしんぼうしていれば、必ずやいつかは晴れる日がくるものです。

18

逆境

「極陰は陽に転ずる」と易に示されるように、逆境のどん底というものは、まず三か年ぐらいで、それを過ぎますと幽《かす》かな微光が射し初《そ》めるというのが、わたくしの経験上実感であります。

19

秘匿の恩寵

逆境というマイナス面の裏には、「秘匿《ひとく》の恩寵《おんちょう》」ともいうべきプラス面が秘められているのであります。またその反対に、上昇気流に乗ったプラス面の展開期には、よほどの人でない限り、人間は必ずおごり、たかぶり、人の気持ちの察しがつかなくなり、これが人心離反《りはん》の因となり、「蟻の一穴」ともいえる千載《せんざい》の悔いを残すことにもなりかねないのであります。

20

修行時代

人間は四十までは、もっぱら修行時代と心得ねばならぬということです。現に山登りでも、山頂まではすべてが登り道です。同様に人間も、四十歳まではいわゆる潜行密用であって、すなわち地に潜んで自己を磨くことに専念することが大切です。

21

正味三十年

道元禅師は「某《それがし》は坐禅を三十年余りしたにすぎない」と言うておられますが、これは考えてみれば、実に大した言葉だと思うのです。本当に人生を生き抜くこと三十年に及ぶということは、人間として実に大したことと言ってよいのです。そこで諸君たちも、この二度とない一生を、真に人生の意義に徹して生きるということになると、その正味は一応まず、三十年そこそこと考えてよいかと思うのです。

22

人生の晩年

人生の晩年に近づいたならば、青壮年の時代以上に、はるかに心を引きしめて、人生の晩年の修養に努めねばならぬであろう。

23

俊敏

八十歳を境にして、私が実践面で第一に取り組むことにしたのは、日常生活におけるその挙止動作の〝俊敏さ〟です。

10代の頃、師範学校の学友と（前列右）

24

報謝

人間は職業に対する報謝として、後進のために実践記録を残すこと。この世への報謝として「自伝」を書くこと。そして余生を奉仕に生きること――この三つは、人間としての最低の基本線でどうしてもこれだけはやり抜かねばならない。

第２章

仕事の根本

25

職業の三大意義

職業というものは、
㈠衣食の資を得る手段・方法である上に、
㈡人間は自己の職業を通して世のために貢献し、
㈢かつ自分なりの天分や個性を発揮するという三大意義
を持つものであります。

26

個性の発揮

人は職業以外の道によって、
その個性を発揮するということは、
ほとんど不可能に近い。

27

態度はどうか

人が真に自分を鍛え上げるには、現在自分の当面している仕事に対して、その仕事の価値いかんを問わず、とにかく全力を挙げてこれにあたり、一気にこれを仕上げるという態度が大切です。そしてこの際肝要なことは、仕事のいかんは問題ではなくて、これに対する自分の態度いかんという点です。

28

仕事の手順

仕事に取組む方法論としては、①仕事の大小、軽重をよく認識し、仕事の手順をまちがえないこと、とりわけ小事を軽んじないことが大切でありましょう。②できるだけ迅速にして、しかも正確を期するよう努めること。③常に問題意識を持ち、仕事の処理に関する創意工夫を怠《おこた》らないこと。④他との協調・協力を惜しまないこと。⑤さらに結実の成果を上げることは必然であり、常に会社なり、組織体への貢献度の如何が問われるわけであります。

29

即時処理

世俗的な雑事の重圧を切り抜けられるか——それは原則的には実に簡単明瞭であります。それは「すぐにその場で片づける」ということであり、「即刻、その場で処理して溜めておかない」ということこそ最上の秘訣であって、おそらくこれ以外には、いかなるコツも秘訣もないといってよいでしょう。

30

拙速第一

この「即今着手」「迅速処理」の原則のほかに、期日の決まっている提出物の場合は、ゼッタイに期日を遅らせないことが大事です。そのためには、八〇点カツカツの程度でよいから、とにかく期日までには仕上げることが肝要で、「拙速《せっそく》第一」「期限厳守」をモットーとするのがよいように思われます。

京都大学哲学科時代（前列左端。右隣は西田幾多郎先生）

31

仕事の計画

今日の仕事の若干を、明日に延ばした場合の「明日」と、今日為すべき仕事の一切を仕上げてしまった場合の「明日」とでは、同じ明日であっても、その内容はかなり大きく違うといってよいであろう。

32

やり遂げる

一人の人の人生が、真に充実した一生になるかならぬかは、その人が「今日」一日の仕事を、予定通りにやり遂げるか否かによって分かれるわけです。

33

一天地を拓く

人は自己に与えられた境において、
常に一天地を拓かねばならぬ。

34

大器

故岡田虎二郎先生の言葉
「上位者に喰って掛かって、自ら快《こころよ》しとする程度の人間は、真の大器ではない」
会社の帰りに、縄のれんをくぐって一杯引っ掛けながら上位者の悪口をいっては、溜飲《りゅういん》を下げる程度の人間も大したものではない。

35

男の生き方

人間は自分の実力相応の地位より一段か一段半低いところに甘んじて、悠然《ゆうぜん》とゆとりを持って生きる生き方というのも、男の生き方として好ましいのではなかろうかと思うのです。

36

日の目

人は一時期下積みになっても、それは将来の土台づくりであり、一時の左遷や冷遇は、次の飛躍への準備期であり、忍耐力・持久力の涵養《かんよう》期として隠忍自重《いんにんじちょう》して、自らの与えられたポストにおいて、全力発揮を怠らなかったら、いつか必ずや日の目を仰ぐ日のあることを確信して疑わないのでありまして、これが八十有余年の生涯を通してのわたくしの確信して疑わないところであります。

37

働き方

真に意義ある人生を送ろうとするなら、人並みの生き方をしているだけではいけないでしょう。それには、少なくとも人の一倍半は働いて、しかも報酬は、普通の人の二割減くらいでも満足しようという基準を打ち立てることです。そして行くゆくは、その働きを二人前、三人前と伸ばしていって、報酬の方は、いよいよ少なくても我慢できるような人間に自分を鍛え上げていくんです。

38

ネウチ——①

隠岐《おき》の「学聖」と言われた永海佐一郎先生という方は、「人間の真のネウチはどこにあるか」という問題について、次のような定式を立てておられます。

仕事への熱心さ×心のキレイさ＝人間の価値

39

ネウチ――②

したがって先生の眼から見られると、自分の職務に対して不十分な大臣より、職務に忠実な小学校の用務員のほうが、人間の真のネウチは上位にあるというお考えなのであります。わたくしは、その明確さに対して、心から敬意と讃歎《さんたん》の念を禁じえないのですが、ただわれわれ凡人としては、少し基準をゆるめて、「キレイな心」の代わりに「暖かい心」ということにして頂けたらと思うのです。

40

道に浸る

すべて一芸一能に身を入れるものは、その道に浸り切らねばならぬ。躰中の全細胞が、画なら画、短歌なら短歌にむかって、同一方向に整列するほどでいなければなるまい。つまりわが躰《からだ》の一切が画に融け込み、歌と一体にならねばならぬ。それには先ず師匠の心と一体になるのでなければ、真の大成は期し難い。

20代、広島高等師範時代（前列中央）

41

長の心得

人に長たる者としては単に自分一人が誠実というだけでなく、多くの人々を容《い》れるだけの度量の広さとともに、さらに、一旦、事が起こった場合には身をもって部下をかばうだけの一片の俠気ともいうべきものがなくてはならぬ。

42

断

人に長たる人において最も重要な資質は、一方では、多くの人々を容れる包容力であると共に、さらに今ひとつの資質として、「断」を下しうる処がなくてはならぬからである。けだし「断」は現実界における決断、決定の力といってよく、随ってもしこの「断」を下すことができなかったとしたら、現実界において事業の成功は絶対に見難いといってよいであろう。

43

真剣

人間が本当に真剣になると、パッと夜中に目があいた時とか、あるいは朝、目のさめた瞬間に、大事な問題がパッと分かるものなんです。

44

真の幸福

たとえ時代がいかに推移し展開しようとも、人は自らの職業を天より与えられたわが使命達成の方途として、これに対して自らの全身全霊を捧げるところに、人生の真の幸福は与えられる。

第3章

家庭教育の心得

45

夫婦のあり方

夫婦のあり方こそ、子どもの「人間教育」に対しては実に基盤的な意味を持つものゆえ、夫婦は、特に妻たる人は、あらゆる知恵を結集して、夫婦のあり方を正しく明るくするように努力するのが、真の生きた叡智《えいち》と言えましょう。

46

忍耐

わたくしは若い御夫婦にはなむけのコトバとしていつも申すのですが、人間関係のうち、夫婦関係ほどお互いに絶大な忍耐を要する関係はほかにはないということです。それゆえ相手の欠点短所を攻めるのでなく、むしろ人間的に卓《すぐ》れたほうが、相手の至らぬ点は背負うていく覚悟がなくてはならぬということです。

47

夫婦の心得——①

かりそめにも夫たるものは、妻の顔・貌《かたち》の不器用さについては、一言たりとも触れてはならぬ、ということです。同様にまた妻としても、夫の稼ぎの不甲斐《ふがい》なさについては、絶対に触れてはならぬ禁句です。つまりこの二つは、夫婦にとってお互いに生涯の禁句とすべき事柄です。

48

夫婦の心得――②

この世で妻の明るい笑顔ほど、夫を勇気づけ慰めるものはありません。したがって、妻たる人は、朝《あした》には夫を笑顔で見送り、夕べにはまた笑顔をもって迎えるべきです。同様に妻たる人は夫の朝の出勤、帰宅の一瞬に、その細心の心を砕くべきでしょう。

30代の頃、正月の伊勢参り。夫婦岩の前で（左は長男）

49

躾け

人間教育の基盤は家庭教育にあり、
その家庭教育の根本は実に「躾け」にある。

50

しつけの三原則

「しつけの三原則」
一、朝、必ず親に挨拶する子にすること。
一、親に呼ばれたら必ず、「ハイ」とハッキリ返事のできる子にすること。
一、ハキモノを脱いだら、必ずそろえ、席を立ったら必ずイスを入れる子にすること。

51

躾のコツ

躾の仕方のこつはと申しますと、それにはまず母親自身が、ご主人に対して朝のあいさつをはっきりするようにし、またご主人から呼ばれたら必ず「ハイ」とはっきりした返事をするように努力するのです。そうしますと、子どももいつしかそれをまねてやりだしますから、そうしたら必ずほめてやるのです。これがまた大事な秘訣です。そしてこれを一か月も続けますと、家中がすっかり変わってくるから不思議です。

52

躾者の資格

「我」のとれていないような人間が小言を言ったら、それだけでマイナスになる。

53

ホメる

接する子どもの長所や美点を発見することの名人になること。叱ることよりホメることに重点をおき、九つホメて一つ叱るぐらいでもなおホメ方が足りないということを心に銘記すべきだと思います。

54

家庭の太陽

母親こそは家庭の太陽である。

55

家庭教育

わが子の「人間教育」は、九十パーセントまで母親の全責任と言っても決して過言ではないでしょう。ただ父親といたしましては、自分の仕事に対して真剣に打ち込む姿そのものが何よりの教育と申してよいでしょう。

56

父親を立てる

いかなる事情がありましょうとも父親軽視の種まきだけは絶対にいけません。と申しますのもわが子が「父親軽視」になり、やがて「父親」に対する不信感に陥りますと、わが子を根本的に駄目にしてしまうからです。

50代、神戸大学時代（右から2番目）

57

幼児教育

幼児の教育において大事な点は、大事な話を――それは主として民族における伝説的な物語がよいと思うが――幾度も幾度も、手を替え品を替えて倦くことなく、感動をこめて語って聞かせることであって、こうした母親の努力によって、人の子は軽薄でない部厚な人間をつくることが出来るのである。

58

女性の責任

女性の弛緩は民族の弛緩となり、女性の変質は民族の変質につながります。民族の将来は女性のあり方如何によって決まると言っても決して過言ではないわけです。

59

真の愛情

㈠　わが子の一言一行に注意して、わが子の気持ちをよく察してやれること。

㈡　常にわが子の将来を見通して、真の人間にするには、どうしたらよいかを考えること。そしてそのための躾《しつけ》の方法については、仔細《しさい》によくわきまえていること。

㈢　そして、それにはわが子のために最善の持続的努力を重ねて毫《ごう》も厭《いと》わぬこと。

60

自己を捧げる

愛するということは、元来「相手のために自己を捧げる」という意味がこもっているのです。いかに辛いことでも相手のためにそれを我慢《がまん》し、さらには耐え忍ぶという所がなくては、真に愛しているとは言えないわけです。

61

いのちの根本原則

たらちねの親のみいのちわが内に生きますと思ふ畏《かしこ》きろかも

という一首がありますが、つまり親とは無量の祖先の代表者であり、祖先からの血の継承の最先端の一点なわけであります。ですから親を軽視することは、無量多の祖先を軽んずることであり、否、端的には自己そのもののいのちを軽視することでありまして、いのちの根本法則に反するわけであります。

62

繁栄律

親を軽視するものは、実は己自身をさげすむわけであり、おのが運命を呪うものともいえましょう。それゆえまた親を敬愛するものは、自分自身を敬愛することになり、自己の運命の繁栄律に繋《つな》がることを改めて知らねばならぬと思うのであります。

63

神の目で見る

私たちは常に神の目から見たら、自分は何点くらいの人間かということを忘れぬようにしたいものです。同様にまた神の目からごらんになられたら、何点くらいの親かということを常に忘れんことが大切だと思います。

第4章

読書の神髄

64

いのちの宝庫

読書とは、われわれが心の感動を持続するための最もたやすい方法であります。したがって真の読書は、この現実界のもろもろの理法を明らかにするだけでなく、この二度とない人生を全的充実をもって生き貫くための力を与えられる「いのちの宝庫」だともいえましょう。

65

人生と読書

人生を真剣に生きようとしたら、
何人も読書というものと、無関係ではありえない。

66

読書――①

肉体を養うために毎日の食事が欠かせないように、心を豊かに養う滋養分としての読書は、われわれにとって欠くことのできないものなのであります。ですから人間も読書をしなくなったら、いつしか心の栄養不足をきたすと見て差し支えないでしょう。

67

読書 ②

その反面、滋養の摂り過ぎにも問題があるわけですが、こういう人も所謂《いわゆる》読書家といわれる人々の中にもあるわけで、これは真の実践的エネルギーに繋がらない読書だからであります。真に実践に繋がらないとは、その人自身が真の自覚に達していないともいえるわけで、それは言い換えると、真の読書に透徹していないからともいえましょう。

68

引金を引く

読書は、いわば鉄砲で的をねらうようなものです。しかしいかにねらいは定めても、引金を引かない限り、一向恐ろしくないでしょう。引金を引くとは、実行ということです。そこでどんなに本を読んでも、実行の心がけのないような人間は、恐れるに足りないのです。

本と資料に囲まれて

69

読書の時期

人は青少年期時代において、その時期に応わしい書物を潤沢に読まないと、壮年期の読書力が十分とはならず、随ってその欠損は、ひとり青少年期のみに留まらないで、壮年期にも及ぶわけであり、否それはさらに老年期の読書内容にも影響して、その内容を貧しからしめるとも言えるであろう。

70

読書の目的

読書とは幾多のすぐれた人々を使って、この無限に複雑な現実界の諸相を探知しようとする努力だともいえるであろう。

71

伝記を読む

われわれ人間は一生のうちに、少なくとも三度偉人の伝記を読むべき時期があると思うのであります。そしてその第一は、小学校の五・六年から中学・高校時代に掛けての時期であり、第二は、三十代の前半から後半に掛けての時期であり、第三は、六十歳あたりから最晩年に掛けての時期であります。では、どうして人生の晩年ともいうべき時期に、もう一度伝記を読む必要があるかというに、それはいわば人生の撤収作戦の仕方について、古人ならびに先人に学ぶべきだと考えるからであります。

72

種のまき方

「種のまき方」――それにはまず偉人の伝記を十冊読んで、その中から自分の一番好きな人を一人つきとめるのです。物事は最後の一つをつきとめないとだめです。偉人といわれる人はたくさんおられます。しかし、最後に一人だけ選べといわれたら、はっきりと一人選べなければだめです。いつまでたっても、あれがえらいか、これがえらいかわからんようではだめです。

書斎にて

73

読書の第一要訣

読書についての要訣は、感動にあたいする書物を、全生命力を集中して一気呵成的に読みぬくことではないかと思う。そしてそれには、それだけわが心を惹き、わが心を吸引する力を持った書物でなくてはできがたい。となると結局読書の第一要訣は、書物の選択ということが第一義となる。

74

卒業後の読書

わたくしの考えでは、学窓を出た直後からほぼ十年間の読書は、ほとんどその人の生涯の歩みを、決定するとさえ言えるであろう。

75

書斎を持つ

一つの提言ですが、許されるならば、三畳もしくは二畳でもよいから、ご自分の書斎を持たれるのが願わしいと思うのです。それというのも書斎というものは、読書によって心を磨くべき唯一の場だからです。それゆえこいねがわくは家長たる人が、日に一時間もしくは二時間書斎の机に向かい、坐を正して読書に打ち込まれるよう心掛けられることが望ましいわけです。

76

真の読書

真の読書というものは、いわばその人がこれまで経験してきた人生体験の内容と、その意味を照らし出し統一する「光」といってもよいでしょう。だから、せっかく、深刻な人生経験をした人でも、もしその人が平生読書をしない人の場合には、その人生体験の意味を十分にかみしめることができないわけです。

77

真の力

真に書物を読むことを知らない人には、
真の力は出ないものです。

78

義務

学問も大事ではあるが、しかしより大切なのは、一個の人間として当然なすべき義務であって、それを放っておいて読書したとて、真の現実的真理の把握にはならぬ。

第5章

自分を確立する

79

律する

人間はいかに優れた師を持ち、よき教えに接したとしても、結局最後のところは、自分を律するものは自分以外にはないわけでありまして、いかに優れた師といえども、本人が自ら律しようとしない限り、いかんともしがたいのであります。

80

打ち込む

人間は片手間仕事をしてはならぬ。
やるからには生命を打ち込んでやらねばならぬ。

81

やけ

「やけ」など起こすのは、毎日の白紙の一ページを、自分自身で汚すのと同様で、結局自ら自己の運命を投げ捨てるものといえましょう。

82

弱き善人

弱さと悪と愚かさとは互いに関連している。
けだし弱さとは一種の悪であって、
弱き善人では駄目である。

83

修養

人間の修養は一つずつである。その時その時、自分の為すべきことを正確に行うことである。

晩年の頃の講演会

84

自修の人

とにかく人間は、「自己を磨くのは自己以外にない」ということを、改めて深く覚悟しなければならぬと思います。

すなわち、われわれの日々の生活は、この「自分」という、一生に唯一つの彫刻を刻みつつあるのだということを、忘れないことが何より大切です。そしてこれすなわち、真の「自修の人」と言うべきでしょう。

85

黄金のカギ

わたくしは、皆さん方に一つの「黄金のカギ」をさしあげたいと思います。それは何かというと、われわれ人間にとって真に生きがいのある人生の生き方は、「自己に与えられたマイナス面を、プラスに逆転し、反転させて生きる」という努力であります。

86

最高の人物

人間の偉さは、その人の苦しみと正比例する。世の中は正直そのものである。その時代における最高の人物は、最大の内面的苦行をした人である。つまり天はその人の苦労に等しいだけの価値を与え給うのである。

87

生き甲斐

「生き甲斐のある人生の生き方」とはどういうのかと考えますと、結局それは、

㈠自分の天分をできるだけ十分に発揮し実現すること、

㈡今ひとつは、人のために尽くす

ということの二か条で一応は十分と言えるでありましょう。

88

己を尽くす

天分や素質に心を奪われて嘆くよりも、自己に与えられたものをギリギリまで発揮実現することに全力を尽くすことこそ、より大事ではないでしょうか。

89

人間の確立

「艱《かん》難《なん》汝《なんじ》を玉にす」とは古いコトバですが、これは甘えようにも甘えることの出来ないような酷烈《こくれつ》な境遇に放りこまれることが、人間が真に確立するためには絶対に必要だという事に他なりません。

90

敬の一念

尊敬の念を持たないという人は、小さな貧弱な自分を、現状のままに化石化する人間です。したがってわれわれ人間も敬の一念を起こすに至って、初めてその生命は進展の一歩を踏み出すと言ってよいでしょう。

91

迫る

尊敬するということは、ただ懐《ふところ》手《で》で眺めているということではなくて、自分の全力を挙げて相手の人に迫っていくことです。地べたをはってにじり寄っていくように——です。つまり息もつけないような精神の内面的緊張です。薄紙一重もその間に入れないところまで迫っていく態度です。

92

気品と働き

気品と働き——真の気品というものは、決して単なる生まれつきだけではなく、それはやはり長い年月にわたる、その人の心がけと修養によって磨き出されるものであって、それでなくては真の味わいはないわけです。同様にまた働きということも、ただ無茶苦茶な力働きというだけでは、真の働きとは言えない道理で、真の働きといわれる為には、どうしてもそこに頭の働き、さらには心づかいというものが加わらねばならぬわけです。

93

真の誠

真の「誠」は、何よりもまず己のつとめに打ち込むところから始まると言ってよいでしょう。すなわち誠に至る出発点は、何よりもまず自分の仕事に打込むということでしょう。

総じて自己の務めに対して、自己の一切を傾け尽くしてこれに当たる。すなわち、もうこれ以上は尽くしようがないというところを、なおもそれに不足を覚えて、さらに一段と自己を投げ出していく。これが真の誠への歩みというものでしょう。

94

わが道を拓く

古来偉人は、すべて自分の置かれた境遇に於《お》いて立派に生きている。世間的な地位は天命ゆえ、それぞれの地位に安住して悠々《ゆうゆう》とわが道を拓かねばならぬ。

95

幸福の獲得

まず、自分のなすべき勤めに対して、常に全力を挙げて、それと取り組むこと。第二に、常に積極的に物事を工夫してそれを見事に仕上げること。そして、人に対して親切にし、人のために尽くす――これが、幸福獲得の三大秘訣でしょうな。

仕事の合間に

96

信

「信」とはこの天地人生の真実を、一々中身のせんぎ立てをしないで丸受け取りに受け取ることです。すなわちまた、この天地人生の実相をつかんだ人の言葉を、素直に受け入れるということです。

97

休息

休息は睡眠以外には不要――という人間になること。
すべてはそこから始まるのです。

98

燃える

疲れるのは燃え方がちょっと足りん。
もっというと、
他人に感動を与える人は疲れない。

99

一大決心

国家の全運命を、自分独自の持ち場のハンドルを通して、動かさずんば已まぬという一大決心の確立した時、その人の寿命は、天がその人に与えた使命を果たすだけは、与えるものです。それよりも永くもなければ短くもありません。

100

心願を持つ

われわれ人間は「生」をこの世に受けた以上、それぞれ、分に応じて一つの心願を持ち、最後のひと呼吸まで、それを貫きたいものです。

あとがき

森信三先生と初めてお会いしたのは昭和六十年九月十九日のこと、そのとき先生は八十八歳、私は三十七歳でした。午前十時半から午後二時半までの四時間、取材に応じてくださいました。先生の話によほど感動したのか、私はその日の手帳に「運命的な日なり」と記しています。文字通り運命的な出逢いだったのです。

今から振り返っても、八十八歳というご高齢の先生が三十七歳の若造相手によく四時間も話をしてくださったものだと驚きます。当時、すでに先生は右半身が不随でした。その状態で四時間も話してくださったのですから、しみじみとありがたいご縁をいただいたものだと感謝しています。

森先生の年譜を見ると、その人生は後半に至るまで逆境の連続であったことがうかがい知れます。先生は愛知県半田市武豊町の端山家に生まれました。端山家は地元の名家で、祖父の端山忠左衛門は第一回国会議員になった名士でした。しかし、父親の代に家運が傾き始め、両親の離婚により三人兄弟の末っ子の森先生は数え三歳にして貧しい小作農であった森家に養子に出されました。

生家の端山家と養家の森家の間には縁もゆかりもありませんでしたが、養父母は実直な方たちで、先生を非常に大事に育ててくれました。そんな養父母に巡り合えたことは幸いでした。先生は終生、養父母に感謝し続けて、その話をするときには涙を流されるほどでした。

とはいえ森家は経済的に貧しく、そのため小学校一の秀才でありながら先生は中学進学を断念し、学費が免除される師範学校へ進むことになりました。愛知第一師範に入学し、卒業後は三河の横須賀尋常小学校へ赴任。その後、周囲のすすめもあって広島高等師範に進学し、さらに京都大学哲学科に入学しますが、そのときすでに先生は二十八歳になっていました。

大学院に進まれ、卒業したのが三十六歳のとき。成績は抜群でしたが京都には就職先が見つからず、大阪の天王寺師範に専任教師としての職を得ました。ここで十三年の時を過ごした後、昭和十四年に満洲の建国大学に赴任しますが、日本は昭和二十年に敗戦、命からがら帰国します。

戦後は先生の教えを乞う人たちの求めに応じて全国津々浦々に足を運び、旅の日々を送ります。同時に執筆感動に勤しみ、『開顕』『母と子』『少年科学』などの雑誌の発行も始めました。しかしこれによって結果的に多額の借金を抱え込み、ついには家屋敷を手放して返済に充てることになりました。

その後、篠山農大の英語講師を経て、五十八歳のとき神戸大学教育学部の教授に就任。六十五歳で大学退任後は、八十六歳で脳血栓により倒れ右半身不随となられるまで、教育行脚と執筆に明け暮れました。その後も、九十七歳で亡くなられるまで、ハガキを通じて志を同じくする全国の人たちを励まし続けるのです。

先にも述べましたが、先生の生涯は逆境の連続でした。しかし、これを裏返していうと、さまざまな逆境を身をもって体験してきたからこそ、先生の言葉には独特の余韻があり、読む人の心に深くしみ入るのだと思うのです。


先生とのご縁はご存命の間はもちろんですが、亡くなられた後も深まるばかりです。弊社ではこれまで名著『修身教授録』をはじめとして、『森信三一日一語』『修身教授録一日一言』『教師のための一日一語』など数多くの本を刊行してきました。今回新たに『森信三　運命を創る100の金言』を出版するのは、老若男女を問わず、より幅広い方たちに先生の言葉の魅力を知っていただきたいとの思いがあったからです。

人間が真剣に生きていれば、誰であれ、逆境に直面し、道に迷うことがあります。そのときに生き方の指針となる言葉を持っているかいないかで、その人の人生は大きく変わります。そんな窮地において、森先生の言葉は大きな力になると思うのです。

本書に収めた100の言葉がまさに金言として読者の皆さんの人生を創る力となることを監修者として願ってやみません。

なお、このたびの刊行にあたり、ご子息の森迪彦《みちひこ》さんから先生の貴重なお写真をご提供いただきました。この場を借りて御礼申し上げます。

平成二十九年七月

藤尾秀昭

※本書掲載の言葉は弊社刊行の以下の書籍および月刊『致知』の記事から選出したものです。

『修身教授録』（1989年）
『人生二度なし』（1998年）
『真理は現実のただ中にあり』（2000年）
『修身教授録一日一言』（森信三・著、藤尾秀昭・編　2007年）
『森信三一日一語』（森信三・著、寺田一清・編　2008年）
『家庭教育の心得21』（2010年）
『父親のための人間学』（森信三・著、寺田一清・編　2010年）
『教師のための一日一語』（森信三・著、寺田一清・編　2006年）
『森信三小伝』（寺田一清・編著　2011年）
『10代のための人間学』（森信三・著、寺田一清・編　2011年）
『人生論としての読書論』（2011年）
『女人開眼抄』（2012年）
『小さな人生論⑤』（藤尾秀昭・著　2012年）
『森信三訓言集』（2013年）
『若き友への人生論』（2015年）

『致知』
1985年11月号、1986年7月号、1987年1月号、1988年5月号

〈著者略歴〉

森信三

明治29年9月23日、愛知県知多郡武豊町に端山家の三男として生誕。両親不縁にして、3歳の時、半田市岩滑町の森家に養子として入籍。半田小学校高等科を経て名古屋第一師範に入学。その後、小学校教師を経て、広島高等師範に入学。在学中、生涯の師・西晋一郎氏に出会う。後に京都大学哲学科に進学し、西田幾多郎先生の教えに学ぶ。大学院を経て、天寺師範の専任教諭になり、師範本科生の修身科を担当。後に旧満州の建国大学教授として赴任。50歳で敗戦。九死に一生を得て翌年帰国。幾多の辛酸を経て、58歳で神戸大学教育学部教授に就任し、65歳まで務めた。70歳にしてかねて念願の『全集』25巻の出版刊行に着手。同時に神戸海星女子学院大学教授に迎えられる。77歳長男の急逝を機に、独居自炊の生活に入る。80歳にして『全一学』5部作の執筆に没頭。86歳の時脳血栓のため入院し、以後療養を続ける。89歳にして『続全集』8巻の完結。平成4年11月21日、97歳で逝去。「国民教育の師父」と謳われ、現在も多くの人々に感化を与え続けている（年齢は数え年）。著書に『修身教授録』『人生二度なし』『森信三一日一語』『森信三訓言集』『10代のための人間学』『父親のための人間学』『家庭教育の心得21』（いずれも致知出版社）など多数。

森信三　運命を創る100の金言

平成二十九年七月二十五日第一刷発行

著　者　森　信三
監修者　藤尾　秀昭
発行者　藤尾　秀昭
発行所　致知出版社
〒150-0001東京都渋谷区神宮前四の二十四の九
TEL（〇三）三七九六―二一一一
印刷・製本　中央精版印刷
落丁・乱丁はお取替え致します。（検印廃止）

©Nobuzo Mori 2017 Printed in Japan
ISBN978-4-8009-1154-4 C0095
ホームページ　http://www.chichi.co.jp
Eメール　books@chichi.co.jp

人間学を学ぶ月刊誌 致知

CHICHI

人間力を高めたいあなたへ

●『致知』はこんな月刊誌です。

・毎月特集テーマを立て、ジャンルを問わず有力な人物を紹介
・豪華な顔ぶれで充実した連載記事
・稲盛和夫氏ら、各界のリーダーも愛読
・書店では手に入らない
・クチコミで全国へ（海外へも）広まってきた
・誌名は古典『大学』の「格物致知（かくぶつちち）」に由来
・日本一プレゼントされている月刊誌
・昭和53（1978）年創刊
・上場企業をはじめ、1,000社以上が社内勉強会に採用

── 月刊誌『致知』定期購読のご案内 ──

●おトクな3年購読 ⇒ 27,800円
（1冊あたり772円／税・送料込）

●お気軽に1年購読 ⇒ 10,300円
（1冊あたり858円／税・送料込）

判型:B5判 ページ数:160ページ前後 ／ 毎月5日前後に郵便で届きます（海外も可）

お電話
03-3796-2111（代）

ホームページ
致知 で 検索

致《ち》知《ち》出《しゅっ》版《ぱん》社《しゃ》 〒150-0001 東京都渋谷区神宮前4−24−9

いつの時代にも、仕事にも人生にも真剣に取り組んでいる人はいる。
そういう人たちの心の糧になる雑誌を創ろう——

『致知』の創刊理念です。

私たちも推薦します

稲盛和夫氏　京セラ名誉会長
我が国に有力な経営誌は数々ありますが、その中でも人の心に焦点をあてた編集方針を貫いておられる『致知』は際だっています。

王 貞治氏　福岡ソフトバンクホークス取締役会長
『致知』は一貫して「人間とはかくあるべきだ」ということを説き諭してくれる。

鍵山秀三郎氏　イエローハット創業者
ひたすら美点凝視と真人発掘という高い志を貫いてきた『致知』に、心から声援を送ります。

北尾吉孝氏　SBIホールディングス代表取締役執行役員社長
我々は修養によって日々進化しなければならない。その修養の一番の助けになるのが『致知』である。

渡部昇一氏　上智大学名誉教授
修養によって自分を磨き、自分を高めることが尊いことだ、また大切なことなのだ、という立場を守り、その考え方を広めようとする『致知』に心からなる敬意を捧げます。

致知BOOKメルマガ（無料）　致知BOOKメルマガ　で　検索
あなたの人間力アップに役立つ新刊・話題書情報をお届けします。

人間力を高める致知出版社の本

修身教授録

森信三 著

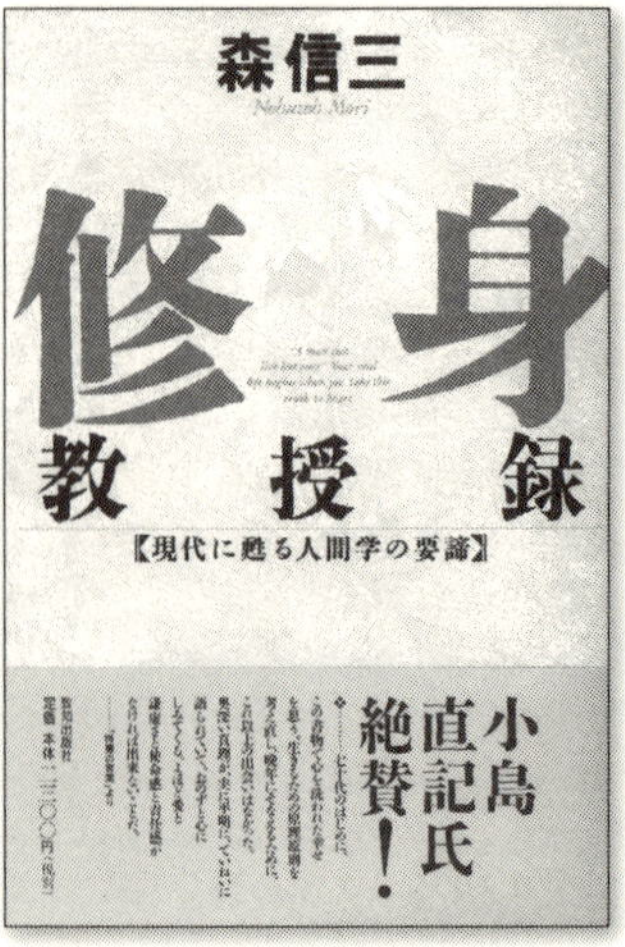

教師を志す若者を前に語られた人間学の要諦全79話
教育界のみならず、広く読み継がれてきた不朽の名著

●四六判上製　●定価2、300円(+税)